David Sinden

Mein BULLET BUCH

planen • ordnen • notieren

mosaik

Für Sandrina

Alle Ratschläge in diesem Buch wurden vom Autor und vom Verlag sorgfältig erwogen und geprüft. Eine Garantie kann dennoch nicht übernommen werden. Eine Haftung des Autors beziehungsweise des Verlags und seiner Beauftragten für Personen-, Sach- und Vermögensschäden ist daher ausgeschlossen.

Sollte diese Publikation Links auf Webseiten Dritter enthalten, so übernehmen wir für deren Inhalte keine Haftung, da wir uns diese nicht zu eigen machen, sondern lediglich auf deren Stand zum Zeitpunkt der Erstveröffentlichung verweisen.

MIX
Aus verantwortungsvollen Quellen
FSC
www.fsc.org
FSC® C005833

Verlagsgruppe Random House FSC® N001967

1. Auflage
Deutsche Erstausgabe 2018

Originaltitel: The little Bullet Book
Originalverlag:
Bluebird, an imprint of Pan Macmillan, London
Umschlaggestaltung: zeichenpool
Übersetzung: Manuela Knetsch
Redaktion: Birthe Vogelmann
Satz: Buch-Werkstatt GmbH, Bad Aibling
Druck und Bindung:
Těšínská Tiskárna, a.S., Ceský Těšín
Printed in Czech Republic
CH • Herstellung: IH
ISBN 978-3-442-39334-3
www.mosaik-verlag.de

www.goldmann verlag.de

Dieses Buch gehört

Gestalte
DEIN
Leben

Forme deine Welt nach deinen Träumen und erlebe, wie sie wahr werden.

Mein Bullet Buch – was ist das?

Dein *Bullet Buch* ist dein unentbehrlicher Begleiter – Tagebuch, Notizbuch, Coach, Assistent und Terminkalender, alles in einem. Es wird dir helfen, deine Prioritäten und Wünsche deutlicher zu erkennen, es wird dir Raum schaffen, Aufgaben zu verfolgen, Ziele zu erreichen und deine Zeit effizient zu planen. Nutze es, um deine Finanzen, Kontakte und Angewohnheiten festzuhalten, und lerne Methoden kennen, die dich darin unterstützen, ein erfülltes Leben zu führen. Du musst keineswegs auf den 1. Januar warten – das *Bullet Buch* kann an jedem beliebigen Tag begonnen werden. Fang heute noch an, sei unschlagbar gut organisiert und gestalte das Leben, das du leben willst.

Tipp: Benutze einen Bleistift. Kaufe dir dafür einen besonders schönen – vielleicht einen Druckbleistift, den man nicht anspitzen muss. So lassen sich die Einträge jederzeit ändern und aktualisieren.

Inhalt

W 21 ....

W 22 ....

W 23 ....

W 24 ....

W 25 ....

W 26 ....

W 27 ....

W 28 ....

W 29 ....

W 30 ....

W 31 ....

W 32 ....

W 33 ....

W 34 ....

W 35 ....

W 36 ....

W 37 ....

W 38 ....

W 39 ....

W 40 ....

W 41 ....

W 42 ....

W 43 ....

W 44 ....

W 45 ....

W 46 ....

W 47 ....

W 48 ....

W 49 ....

W 50 ....

W 51 ....

W 52 ....

Ganz persönlich

Als Erstes personalisierst du dein *Bullet Buch*. Beginnend mit dem aktuellen Monat, trägst du die zwölf Monatsnamen auf den „Mein Jahr"- und „Mein Monat"-Seiten ein – dein Jahresplaner startet also genau heute.

Nutze die Übungen, um dein Leben mehr und mehr nach deinen Vorstellungen zu gestalten.

Auf den „Dranbleiben!"-Seiten organisierst du deine Aufgaben, die „Mein Sparschwein"-Seiten verschaffen dir Überblick über deine finanzielle Situation, und alle weiteren Themenseiten widmen sich persönlichen Schwerpunkten. Zu guter Letzt eröffnet dir der „Wochenplaner" die Möglichkeit, Termine oder Fortschritte in bestimmten Bereichen festzuhalten. Trage die selbst gewählten Themen dieses Abschnitts ins Inhaltsverzeichnis ein, damit du deine Notizen schnell wiederfindest.

„Vermeide Schwieriges, indem du Einfaches in den Griff bekommst." Jane Austen

Meine Bullets

Wenn du den Kopf freibekommen möchtest, ist es hilfreich, anstehende Aufgaben und Ziele aufzuschreiben. Alle halb erledigten Dinge beschäftigen dich sonst gedanklich in Endlosschleife. Außerdem tut es immer gut, eine Aufgabe abzuhaken. Sorgen und Unruhe werden weniger.

Du kannst auch eigene, auf dich persönlich zugeschnittene Bullet Points für deine To-do-Listen verwenden. Die folgenden Symbole sind nur Vorschläge – ergänze weitere oder denk dir eine andere Methode aus, die zu dir passt.

○ *Zu erledigen*

⊙ *Unvollständig*

⊗ *Dringend*

⊖ *Delegieren*

● *Erledigt/Gestrichen*

Überblick

Wenn du deinen Alltag auswertest und besser organisierst, erhältst du ein aktuelles Bild deiner Situation und einen umfassenden Überblick über deine wichtigsten Ziele und Wünsche. Du erkennst, in welchen Bereichen du Fortschritte machst.

Auf dem Balance-Rad teilst du jedem Lebensbereich einen Wert von 1 bis 10 zu. Schraffiere die Felder entsprechend der aktuellen Situation.

Das Balance-Rad

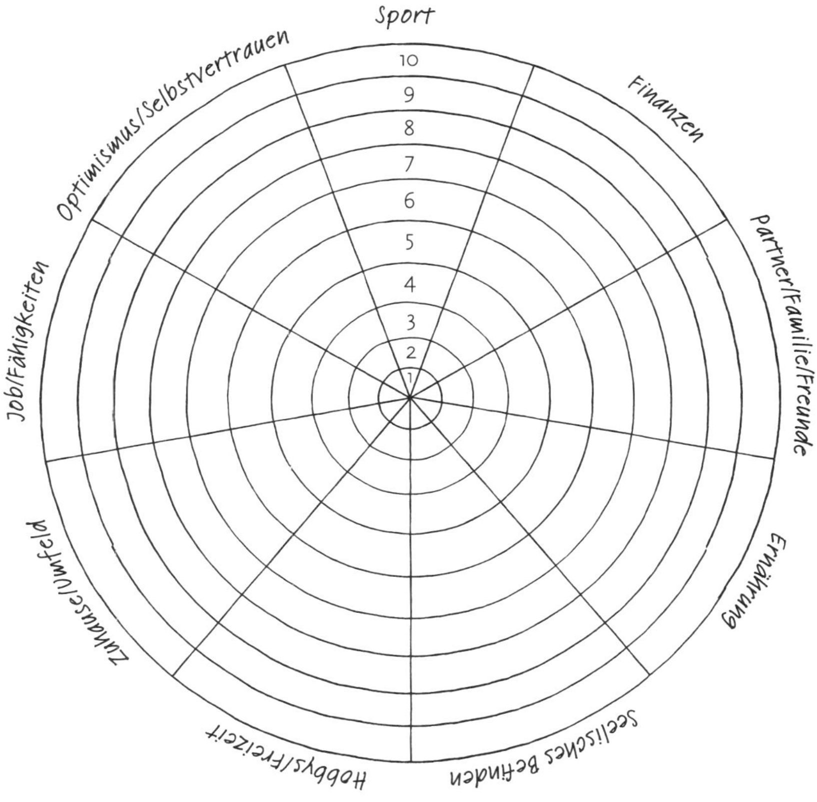

Besuche diese Seite von Zeit zu Zeit, um zu sehen, ob sich etwas verändert hat.

Mein Jahr

Trage die Monatsnamen ein und mach dir Notizen.
Übernimm Wichtiges für die „Mein Monat"-Seiten.

Monat 1

„Dich ereilt, was du bist."

Ralph Waldo Emerson

Monat 12

„Vergangenheit, Gegenwart und Zukunft sind in Wirklichkeit eins: Sie sind das Heute."

Harriet Beecher Stowe

Mein Monat

Juli

Monat eintragen

Hier die wichtigsten Ziele, Projekte und Verpflichtungen für diesen Monat mit Bullet Points auflisten.

„Das Geheimnis des Vorankommens liegt darin, zu beginnen." Mark Twain

Mo	Di	Mi	Do	Fr	Sa	So
23. FREI	24 13-19 30	25 13-19 30	26 13-19 30	27 9-15 30	28 7-15	29 OMA
30	31					

To-do-Listen

Denk immer daran: Du bist nicht der Sklave deiner To-do-Liste – sie existiert, um dir zu helfen. Liste alle wichtigen Aufgaben auf. Weise ihnen je nach Art ein Zeichen zu – etwa T für Telefonat – und nimm möglichst mehrere derselben Art gebündelt in Angriff.

Lässt sich eine Aufgabe in weniger als zwei Minuten erledigen, erledige sie sofort.
Lässt sich eine Aufgabe delegieren, gib sie ab.
Nimm dir bei umfangreichen Aufgaben nur den nächsten erforderlichen Schritt vor.

Konzentriere dich auf das Ergebnis, nicht auf die Aufgabe. Vielleicht haben mehrere Aufgaben auf deiner Liste dasselbe Ziel, zum Beispiel sportlicher zu werden oder dein Sozialleben zu verbessern. Letzten Endes zählt nur das Ergebnis, und das lässt sich auf verschiedenen Wegen erreichen – endlos Details aufzuführen lenkt nur ab. Beginne erst dann mit einer Aufgabe, wenn du das gewünschte Ergebnis ins Auge gefasst hast. Du wirst feststellen, dass sich Lösungen schneller auftun, wenn man Ziele statt Aufgaben vor Augen hat.

Bevor du dich auf eine Aufgabe stürzt, überlege dir, wie wichtig und dringlich sie ist. Mit dem unten aufgeführten System kannst du deine Zeit und Energie effektiv einsetzen. In welche der vier Kategorien gehört die jeweilige Aufgabe?

&	Wichtig	Unwichtig
Dringend	1 Diese Aufgaben erledigen.	2 Diese Aufgaben wurden dir vielleicht aufgetragen und sollten abgelehnt oder delegiert werden.
Nicht dringend	3 Diese Aufgaben nicht vernachlässigen. Sie sind wahrscheinlich wichtig, um deine Träume und Ziele zu erreichen.	4 Diese Aufgaben ignorieren. Sie sind reine Zeitverschwendung.

„Wir können nicht alle alles tun.“ Vergil

Dranbleiben!

Damit du wichtige Aufgaben nicht aus den Augen verlierst, aktualisiere ihren Status mit deinen persönlichen Bullet-Symbolen. Streiche erledigte oder veraltete Aufgaben durch, übertrage laufende auf die nächste „Dranbleiben!"-Seite.

Datum	Art	Status	Aufgabe
		○	
		○	
		○	
		○	
		○	
		○	
		○	
		○	
		○	
		○	
		○	
		○	
		○	
		○	

„Drücke deine Gedanken durch deine Leistungen aus."

Charlotte Brontë

Meine Ziele

Datum

Sport

○ ....

Finanzen

○ ....

Partner/Familie/Freunde

○ ....

Ernährung

○ ....

Seelisches Befinden

○ ....

Hobbys/Freizeit

○ ....

Zuhause/Umfeld

○ ....

Job/Fähigkeiten

○ ....

Optimismus/Selbstvertrauen

○ ....

~ Tagesplaner ~

Datum

Ziele

To do

Mahlzeiten

Mo

Mi

Na

Ab

Sport

Wichtige Termine

Hobbys/Freizeit

Notizen

Meine Projekte

Datum

Um Projekte wie ein Profi anzugehen, plane vom Ergebnis her. Mache dir ein klares Bild davon, wohin dich das Projekt im Leben führen soll. Dann verfolge dieses Ziel und gib ihm oberste Priorität.

Projekt:

Gewünschtes Ergebnis:

Gedanken:

Nächster erforderlicher Schritt:

Recherche zum Projekt

„Ich habe nicht versagt.
Ich habe mit Erfolg 10 000 Wege entdeckt,
die zu keinem Ergebnis führen." Thomas A. Edison

Spaß haben

Liste auf, was dir kürzlich oder vor langer Zeit Freude gemacht hat.

Sorge dafür, dass diese Dinge wieder Einzug in dein Leben und den Terminkalender halten.

Die Zeit
zeigt
uns auf
wunderbare
Weise,
was
WIRKLICH
zählt.

Mein Sparschwein

Datum

Unterhaltung lässt sich kaufen,
Glück nicht.

Ich bin schön

Meine Pflege- und Beauty-Produkte und mehr:

Mein Monat

„Die zwei stärksten Krieger heißen
Geduld und Zeit." Leo Tolstoi

Mo	Di	Mi	Do	Fr	Sa	So

Dranbleiben!

Datum	Art	Status	Aufgabe
		○	
		○	
		○	
		○	
		○	
		○	
		○	
		○	
		○	
		○	
		○	
		○	
		○	
		○	
		○	
		○	
		○	
		○	
		○	

„Ordne jedes Teilchen, das dir begegnet,
nach deinem Gusto an." Virginia Woolf

Ausmisten

„Es gibt nichts wahrhaft Tröstlicheres als ein behagliches Zuhause." Jane Austen

Entrümpele dein Zuhause. Je mehr du besitzt, umso mehr Probleme hast du – mehr zu bedenken, unterzubringen, instandzuhalten und sauberzumachen. Wirklich Wichtiges tritt in den Hintergrund.
Faustregel: Trenn dich von dem, das dir weder lieb und teuer noch nützlich ist. Und fang sofort damit an:

In jedem **Chaos**
steckt Einfachheit.

Mein Personal Trainer

Plane und verfolge deine sportlichen Ziele.

Markiere die Gründe, weshalb du Sport machst.

- Körperfett reduzieren • Gelenkiger werden
- Kondition verbessern • Kreislauf stärken
- Immunsystem stärken • Muskeln aufbauen
- Bewusster atmen • Blutdruck senken
- Typ-2-Diabetes-Risiko senken • Besserer Sex
- Nackt gut aussehen • Energie gewinnen
- Besser schlafen • Unruhe mindern
- Geistig fitter sein • Spaß

Male dir aus, wie du aussehen wirst, wenn du deine sportlichen Ziele erreicht hast. Hast du abgenommen oder Muskeln aufgebaut? Stelle es dir lebhaft vor.
Mit einer klaren Vorstellung vor Augen lassen sich Ziele besser erreichen als durch reine Willenskraft.

„Jeder Tat muss ein Anlass vorangehen."

Leonardo da Vinci

Meine Ernährung

Wie kannst du dich ausgewogener und gesünder ernähren?

Deine Mahlzeiten und Getränke sind das, worin jede einzelne deiner Körperzellen badet. Schreibe einen Tag oder eine Woche lang ganz akribisch auf, was du alles zu dir nimmst:

Ist ein Fisch krank,
wechsle zuerst das Wasser.

Meine Familie, meine Freunde

Sei freigiebig – denke an Geburtstage und beschenke deine Liebsten.

„Vom Geben ist noch niemand arm geworden." Anne Frank

Meine Glaubenssätze

Es kann sich positiv auf dein Unterbewusstsein auswirken, wenn du bestimmte Sätze täglich wiederholst. Sie sollten konkret sein und wie Tatsachen klingen. Vermeide negative Formulierungen mit „nicht“ oder „kein“. Zum Beispiel: „Ich bin gesund und lebe zuckerfrei“ statt „Ich werde keinen Zucker mehr essen“.

„Der Geist bewegt die Materie.“ Vergil

Mein Sparschwein

Datum

„Der größte Reichtum ist Gesundheit."

Ralph Waldo Emerson

„Traut den Träumen, denn in ihnen ist das Tor zur Ewigkeit verborgen." Khalil Gibran

Mein Monat

„Auch der längste Marsch beginnt mit dem ersten Schritt." Laotse

Mo	Di	Mi	Do	Fr	Sa	So

Dranbleiben!

Datum	Art	Status	Aufgabe
		○	
		○	
		○	
		○	
		○	
		○	
		○	
		○	
		○	
		○	
		○	
		○	
		○	
		○	
		○	
		○	
		○	
		○	
		○	

„Ich will es tun, weil ich es tun will."

Amelia Earhart

Meine Mission

Entwickle eine persönliche Mission, damit du dein Leben entsprechend deinem Charakter, deinen Werten und Prioritäten ausrichten kannst. Die Mission ist der Plan, nach dem du dir Ziele setzt und Schritte wählst. Nimm dir Zeit, um die folgenden Fragen ehrlich zu beantworten:

Wann war ich voller Energie?

Was sind meine Stärken und Talente?

Welche Charakterzüge schätze ich an anderen?

Wer und was bedeutet mir etwas?

Welche Leidenschaften habe ich?

Was macht mir richtig Spaß?

Welches Leben würde ich mir herbeizaubern?

Was könnte ich für andere oder für die Welt tun?

Wie sieht meine Umgebung in den Momenten aus, in denen ich mich wohl fühle?

Wie würde ich leben, wenn ich der Ansicht wäre, dass Geld keine Rolle spielt?

Greife nun die Schlüsselbegriffe deiner Antworten auf. Sie beschreiben die Person, die du sein willst, und stehen für die Werte, die dir wichtig sind. Fasse diese Schlüsselbegriffe in einer Stellungnahme zusammen. Sie drückt aus, wie du dich weiterentwickeln willst. Schreibe sie mit Bleistift auf die nächste Seite, sodass du dich nach ihr richten oder sie, falls nötig, ändern kannst.

Hier sind zwei Beispiele für eine solche Stellungnahme:

Meine Mission ist es, aufrichtig und mitfühlend durchs Leben zu gehen und auf meine Gesundheit, meine Familie und meine Umwelt zu achten. Ich möchte mich aktiv für die Natur einsetzen.

Meine Mission ist es, mich geistig und künstlerisch weiterzuentwickeln; selbstlos und kreativ zu leben. Ich möchte einfallsreich, risikofreudig und freundlich sein – mir selbst und anderen gegenüber.

„Dies über alles: Sei dir selber treu."

William Shakespeare

Meine persönliche Mission ist es, …

Datum

Mein Kleiderschrank

Versuche dir deine Kleidung vorzustellen, ohne im Schrank nachzusehen. Notiere dann alle Kleidungsstücke, die du gern anziehst.

Sieh nun in deinen Schrank. Alle nicht notierten Teile sollten vermutlich aussortiert werden. Gib auch Kleidung weg, die nicht passt. All diese Teile ziehen dich nur runter. Wenn du ausmistest, wirst du dich besser fühlen und besser aussehen.

Bücher, Musik, Filme

„Man sollte nur wenige, ausgewählte Bücher haben – genau wie Freunde." Samuel Johnson

Mein Sparschwein

Datum

Mit Geld kannst du Kleidung kaufen,
aber keinen Stil.

Zeit für mich

„Die Sonne ist neu an jedem Tag." Heraklit

Mein Monat

„Wenn wir die Ziele wollen, wollen wir auch die Mittel." Immanuel Kant

Mo	Di	Mi	Do	Fr	Sa	So

Dranbleiben!

Datum	Art	Status	Aufgabe
		○	
		○	
		○	
		○	
		○	
		○	
		○	
		○	
		○	
		○	
		○	
		○	
		○	
		○	
		○	
		○	
		○	
		○	
		○	

„Selbstentfaltung ist wichtiger als Selbstaufopferung."

Elizabeth Cady Stanto

Meine Herausforderungen

Zu einem reichen, erfüllten Leben gehört unbedingt auch, sich hin und wieder einer Herausforderung zu stellen. Dadurch wächst unser Selbstvertrauen, was wiederum entscheidend dafür ist, voranzukommen.

Bei einer Herausforderung sollte es sich um etwas handeln, das sich neu anfühlt oder sogar gewagt. Auch kleine Herausforderungen beeinflussen dein Leben.

Herausforderungen sind keine Ziele. Es sind neue Erfahrungen oder Herangehensweisen, die ungewohnte Denkweisen eröffnen: „Ich besuche dieses Seminar aus Neugier", „Ich verzichte eine Woche lang aufs Fernsehen", „Ich buche diese Reise in jedem Fall."

Stell dich regelmäßig neuen Herausforderungen – kleinen wie großen. Sie fördern Eigenschaften in dir zutage, die dir nicht bewusst waren, und sie verändern deine Vorstellung davon, was möglich ist. Alte, hemmende Überzeugungen werden abgelegt, dein Selbstvertrauen wächst, deine Erfahrungen werden intensiver.

Meine Herausforderungen:

- ○
- ○
- ○
- ○
- ○
- ○
- ○
- ○
- ○
- ○
- ○
- ○
- ○
- ○
- ○
- ○
- ○

Begrenze
nicht
deine
Herausforderungen.
Fordere
deine Grenzen
heraus.

Mein Verwöhnprogramm

Liste auf, was du gerne bekommen (oder dir selber gönnen) möchtest.

Verfolge dein Schlafverhalten. Bekommst du regelmäßig genug Schlaf? Wie könntest du deine Schlafgewohnheiten oder Einschlafrituale verbessern?

„Ein gut verbrachter Tag beschert einen glücklichen Schlaf." Leonardo da Vinci

Meine Interessen

Liste deine Hobbys auf und überlege dir neue, die du ausprobieren möchtest:

„Neugier ist …
die erste und die letzte Leidenschaft."

William Samuel Johnson

Mein Sparschwein

Datum

„Der Preis von etwas ist der Betrag an Leben, den du dafür eintauschst." Henry David Thoreau

Zeit für mich

„Was du auch bist, sei gut."

Abraham Lincoln

Mein Monat

„Besser drei Stunden zu früh,
als eine Minute zu spät." William Shakespeare

Mo	Di	Mi	Do	Fr	Sa	So

Dranbleiben!

Datum	Art	Status	Aufgabe
		○	
		○	
		○	
		○	
		○	
		○	
		○	
		○	
		○	
		○	
		○	
		○	
		○	
		○	
		○	
		○	
		○	
		○	
		○	

„Wer begonnen hat, hat schon die Hälfte getan."

Horaz

Meine Überzeugungen

Von allem, was dich hindert oder dir hilft, dein Leben nach Wunsch zu gestalten, haben deine Überzeugungen wohl den größten Einfluss. Das, was wir über uns und die Welt glauben, ist meist auch das, was wir bekommen. Aber unsere Überzeugungen können falsch sein und uns einschränken, weil sie noch aus unserer Kindheit stammen, Verallgemeinerungen oder die Sichtweisen anderer sind.

Werfen wir einschränkende Überzeugungen über Bord und ersetzen sie durch hilfreiche, eröffnen sich neue Möglichkeiten. Du selbst zu sein bedeutet nicht stillzustehen. Hindert eine Überzeugung dich an deiner Entwicklung, solltest du ihr ein Update verpassen. Überzeugungen sind Teil des Unterbewusstseins, das großen Einfluss auf unser Leben hat. Prüfe sie. Sind sie wahr? Sind sie hilfreich oder schränken sie dich ein?

„Ob du denkst, du kannst es,
oder du kannst es nicht: Du wirst
auf jeden Fall recht behalten." Henry Ford

Sprich eine deiner Überzeugungen laut aus:
z.B. **Ich bin kein kreativer Mensch.**

....

....

Welche Ursache könnte sie haben?
z.B. **In der Schule tat ich mich mit Zeichnen schwer, ich habe Kunst dann abgewählt.**

....

....

Inwiefern schränkt dich das ein?
z.B. **An kreative Hobbys traue ich mich kaum heran.**

....

....

Formuliere ein Update deiner Überzeugung:
z.B. **Ich freue mich darauf, neue kreative Tätigkeiten auszuprobieren.**

....

....

Verankere deine neue Überzeugung in deinem Bewusstsein, indem du sie aufschreibst, visualisierst und in deine Herausforderungen aufnimmst.

Überzeugung ○

Ursache ○

Einschränkung ○

Update ○

Überzeugung ○

Ursache ○

Einschränkung ○

Update ○

Überzeugung ○

Ursache ○

Einschränkung ○

Update ○

„Wenn Sonne und Mond jemals Zweifel hegten, würden sie sofort erlöschen." William Blake

Meine Gewohnheiten

Ob wir unsere großen Ziele erreichen, hängt von kleinen Gewohnheiten ab – und diese wiederum von dem Bild, das wir von uns haben. Ein Mensch, der sich beispielsweise für gesundheitsbewusst hält, wird morgens eher zuckerarmes Müsli als Schoko-Muffins essen. Wenn wir uns mit etwas identifizieren, erreichen wir es.
Liste auf, was du dir gern angewöhnen würdest.

- ○
- ○
- ○
- ○
- ○

Wähle etwas davon aus, das leicht umzusetzen ist, und verinnerliche eine Sichtweise von dir selbst, die diese Handlung unterstützt. Wiederhole sie sieben Tage hintereinander, damit sie zur Gewohnheit wird.

Mo	Di	Mi	Do	Fr	Sa	So
○	○	○	○	○	○	○

„Nichts ist mächtiger als die Gewohnheit." Ovid

Dafür bin ich dankbar

Ein erfülltes Leben braucht Dankbarkeit.
Liste regelmäßig auf, wofür du dankbar bist:

„Dankbarkeit ist nicht nur die größte aller Tugenden, sondern auch die Mutter von allen." Marcus Tullius Cicero

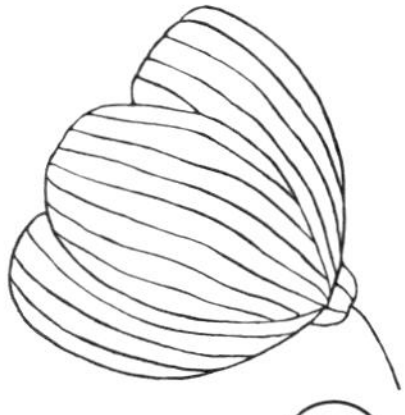

Mein Sparschwein

Datum

Technologie lässt sich kaufen,
Intelligenz nicht.

Zeit für mich

„Gebe ich, gebe ich mich selbst."

Walt Whitman

Mein Monat

„Sei glücklich über diesen Augenblick.
Er ist dein Leben." 'Omar Chayyam

Mo	Di	Mi	Do	Fr	Sa	So

Dranbleiben!

Datum	Art	Status	Aufgabe
		○	
		○	
		○	
		○	
		○	
		○	
		○	
		○	
		○	
		○	
		○	
		○	
		○	
		○	
		○	
		○	
		○	
		○	
		○	

„Meinen Erfolg führe ich darauf zurück, dass ich Ausreden nie gelten ließ." Florence Nightingale

Das Gesetz der Anziehung

Das Gesetz der Anziehung besagt, dass wir in unserem Leben das bekommen, was wir innerlich fokussieren. Wenn wir beispielsweise einen anderen Job oder einen neuen Partner wollen, sollten wir uns gedanklich völlig davon lösen, was an unserer derzeitigen Lage schlecht ist. Ansonsten ziehen wir nur weitere Probleme dieser Art an.

Wir sollten uns stattdessen auf das konzentrieren, was wir anstreben – es visualisieren, glauben, dass es real wird, und uns verhalten, als sei es bereits da. Dieser Kurswechsel unserer inneren Einstellung setzt die nötige Energie frei, um das anzuziehen, was wir uns wünschen.

Wenn wir dann noch eine gesunde Einstellung zu unseren Werten haben und offen für eine Veränderung sind, wird sich unser Leben voll und ganz in diese Richtung bewegen.

Gedanken werden zu Dingen.

Schreibe auf, was du anziehen möchtest:

Lass los. Du weißt, dass es eintreten wird.
Verhalte dich so, als wäre es bereits geschehen.

Ein Glaubenssatz, der ausdrückt, dass es eingetreten ist:

Stell dir detailliert vor, wie du es erleben wirst:

Womit kannst du im Augenblick konkret fördern, dass es eintritt?
Sei aktiv und flexibel:

Halte nach Chancen Ausschau. Gleiches zieht Gleiches an.
Du erreichst, woran du glaubst.

Meine Reiseziele

„Erforsche. Träume. Entdecke."

Mark Twain

Mein Reiseplaner

Einpacken:

Details und Kontakte:

Passnummer:

Impfungen:

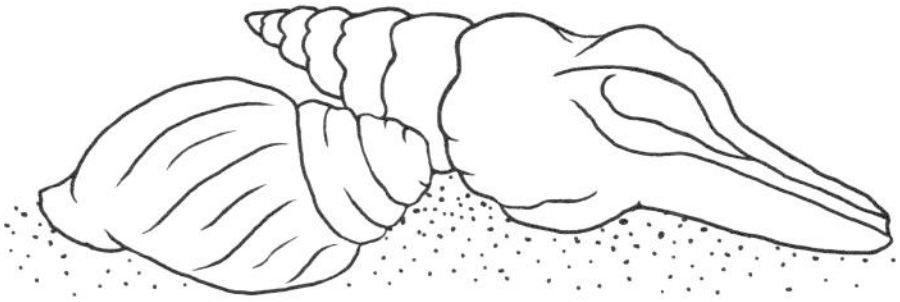

Mein Gesundheits-Check

Nimm deine Arzttermine und Vorsorgeuntersuchungen wahr.

Mein neues Ich

Drei neue Dinge, für die ich dankbar bin:

- ○ ……………………………………
- ○ ……………………………………
- ○ ……………………………………

Zwei Lebensbereiche, die sich gerade bessern:

- ○ ……………………………………
- ○ ……………………………………

Drei neue Glaubenssätze/Überzeugungen:

- ○ ……………………………………
- ○ ……………………………………
- ○ ……………………………………

Zwei aktuelle Ziele:

- ○ ……………………………………
- ○ ……………………………………

Eine aktuelle Herausforderung:

- ○ ……………………………………

„Alle großen Dinge hängen mit all den kleinen Dingen zusammen." Lucy Maud Montgomery

Mein Sparschwein

Datum

„Arm und vergnügt ist reich und überreich."

William Shakespeare

Zeit für mich

„Nichtstun ist besser als mit viel Mühe nichts schaffen." Walt Whitman

Mein Monat

„Vollkommenheit kann nur langsam erreicht werden; sie bedarf der Zeit.“ Voltaire

Mo	Di	Mi	Do	Fr	Sa	So

Dranbleiben!

Datum	Art	Status	Aufgabe
		○	
		○	
		○	
		○	
		○	
		○	
		○	
		○	
		○	
		○	
		○	
		○	
		○	
		○	
		○	
		○	
		○	
		○	
		○	

„Um zu beginnen, beginne." William Wordsworth

Ziele visualisieren

Sein Ziel oder das Gewünschte zu visualisieren ist ein machtvoller und effektiver Weg, es zu erreichen oder in sein Leben zu holen. Das Unterbewusstsein unterscheidet nicht zwischen real erlebten und visualisierten Erfahrungen. Auch wenn du die Augen schließt und dir nur vorstellst, am Rand einer Klippe zu stehen, wirst du eine körperliche Reaktion wahrnehmen.

Nutze die Visualisierung, um dein Unterbewusstsein auf das zu richten, was du dir wünschst. Ist dies erst einmal geschehen, wirst du 24 Stunden am Tag unbewusst darauf hinarbeiten.

Nimm dir Zeit, um dir vor deinem inneren Auge das Erwünschte vorzustellen. Genauso effektiv ist es, Collagen nach Art eines Vision Boards oder Skizzenbuchs zu erstellen – mit Bildern, die vermitteln, dass du dein Ziel erreicht oder dir deinen Wunsch erfüllt hast. Durchforste dafür Internet und Zeitschriften.

Meine Wunschcollage

„Das Unterbewusstsein findet Mittel und Wege,
die das Bewusstsein nicht planen kann."

Was will ich?

Liste auf, was du im Leben als Nächstes möchtest, und wähle dabei nur positive Formulierungen.

○
○
○
○
○
○
○
○
○
○
○
○

Vergleiche nun die Liste mit der Stellungnahme zu deiner persönlichen Mission (Seite 53). Was willst du wirklich? Was davon wird die größten Auswirkungen haben?

„Wahres Glück ist es, seinen Geist frei zu entfalten." Aristoteles

Vielleicht, vielleicht auch nicht

Während des Krieges, als es wenig zu essen gab, musste ein Bauer seine Felder mit einem einzigen Pferd bestellen. Eines Abends lief es davon. Als der Bauerssohn am Morgen den Stall leer vorfand, rief er: „Unser Pferd ist weg! Wie furchtbar!“

Der Bauer erwiderte: „Vielleicht, vielleicht auch nicht. Mal sehen.“

Tage später kam das Pferd in Begleitung eines anderen Pferdes zurück. Der Sohn rief begeistert: „Jetzt haben wir zwei Pferde! Wie wunderbar!“

Der Bauer sagte: „Vielleicht, vielleicht auch nicht. Mal sehen.“

Bald darauf wollte der Bauerssohn das neue Pferd vor den Pflug spannen, aber es trampelte ihn nieder und brach ihm das Bein. Er konnte nicht mehr arbeiten und jammerte: „Was für ein Unglück!“

Der Bauer sagte: „Vielleicht, vielleicht auch nicht. Mal sehen.“

Offiziere kamen ins Dorf, um alle gesunden jungen Männer für den Kriegsdienst abzuholen. Der verletzte Sohn blieb zurück. „Etwas Besseres hätte uns nicht passieren können!“, rief die Bauersfrau.

Der Bauer sagte: „Vielleicht, vielleicht auch nicht. Mal sehen.“

Meine Tasche

Eine Umhängetasche voll unnützer Dinge ist im wörtlichen Sinn eine Belastung. Liste nur das auf, was du unbedingt dabeihaben musst.

Dinge, die du gelegentlich brauchst, kannst du in einem separaten Klarsichtbeutel aufbewahren und, falls nötig, mit einpacken.

— Meine Outfits —

Liste hier deine Lieblingskombinationen für jede Gelegenheit auf, damit du nicht lange nachdenken musst, wenn du es einmal eilig hast.

- ○
- ○
- ○
- ○
- ○
- ○

Mein Sparschwein

Datum

Ich kann Konzertkarten kaufen,
aber keine Kultur.

Zeit für mich

„Das Abenteuer an sich ist lohnenswert."

Amelia Earhart

Mein Monat

„Tu zuerst das Notwendige, dann das Mögliche,
und plötzlich schaffst du das Unmögliche."

Franz von Assisi

Mo	Di	Mi	Do	Fr	Sa	So

Dranbleiben!

Datum	Art	Status	Aufgabe
		○	
		○	
		○	
		○	
		○	
		○	
		○	
		○	
		○	
		○	
		○	
		○	
		○	
		○	
		○	
		○	
		○	
		○	
		○	

„Während andere für eine rosige Zukunft beteten, arbeitete ich dafür." Victoria Woodhull

Meine kostbare Zeit

Wir alle hätten gern mehr Zeit, aber wir alle vergeuden sie auch. Etwas zu tun, das einem wirklich Spaß macht, ist keine Zeitverschwendung. Tage nutzlos zu verplempern hingegen schon. Um dich besser zu organisieren, liste weniger sinnvolle Beschäftigungen auf, zum Beispiel „lange fernsehen“:

- ○
- ○
- ○
- ○

Schiebe nichts auf, weil du dir zu viele Gedanken über Vergangenes oder die Zukunft machst. Was kannst du jetzt tun, das dir hilft?

- ○
- ○
- ○
- ○
- ○

„Die Zeit verlängert sich für alle, die sie zu nutzen verstehen.“ Leonardo da Vinci

Spontan sein

Erstelle eine Hitliste mit Ausstellungen, Veranstaltungen und Orten in deiner Nähe, die du besuchen willst. Hast du etwas Zeit zur freien Verfügung, suche dir spontan eine Unternehmung davon aus.

Blumen für mich

Schreibe deine Ziele in das Bild.
Mit jedem erreichten Ziel malst du es weiter aus.

Meine Erwartungen

Es ist nicht nur unglaublich nützlich, einen Tag vorauszuplanen, es ist auch ein effektiver Weg, etwas erfolgreich zu visualisieren. Wenn du einmal einen schwierigen Tag vor dir hast, versuche ihn dir in Gedanken genau so vorzustellen, wie er ablaufen soll:

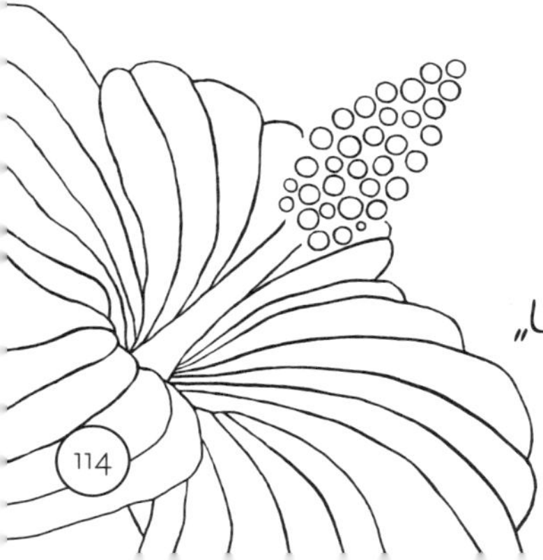

„Unsere Erwartungen bestimmen unser Leben." Horaz

Mein neues Ich

Drei neue Dinge, für die ich dankbar bin:

- ◯
- ◯
- ◯

Zwei Lebensbereiche, die sich gerade bessern:

- ◯
- ◯

Drei neue Glaubenssätze/Überzeugungen:

- ◯
- ◯
- ◯

Zwei aktuelle Ziele:

- ◯
- ◯

Eine aktuelle Herausforderung:

- ◯

„Fang immer gleich heute an."

Mary Wollstonecraft

Mein Sparschwein

Datum

„Die Natur allein ist unendlich reich …"

Johann Wolfgang von Goethe

„Begeistere dich für das Leben.
Das bloße Gefühl zu leben ist Freude genug."

Emily Dickinson

Mein Monat

„Hüte dich vor der Leere eines
geschäftigen Lebens.“ Sokrates

Mo	Di	Mi	Do	Fr	Sa	So

Dranbleiben!

Datum	Art	Status	Aufgabe
		○	
		○	
		○	
		○	
		○	
		○	
		○	
		○	
		○	
		○	
		○	
		○	
		○	
		○	
		○	
		○	
		○	
		○	
		○	

„Eine Minute des Erfolgs
macht jahrelanges Versagen wett.“ Robert Browning

Meine Erinnerungen

Schöne Fotos von früher können gut tun. Klebe hier Bilder von deiner Familie ein, oder Bilder deiner Haustiere und Lieblingsorte.

„Das Gedächtnis ist das Tagebuch,
das wir immer mit uns herumtragen." Oscar Wilde

Meine Wünsche

Stelle eine Liste mit 50 Dingen zusammen, die du noch tun möchtest, etwa, bestimmte Länder bereisen oder eine besondere Erfahrung machen.

○ ○
○ ○
○ ○
○ ○
○ ○
○ ○
○ ○
○ ○
○ ○
○ ○
○ ○
○ ○
○ ○

Ist ein Wunsch dabei, den du dir diesen Monat noch erfüllen kannst? Worauf wartest du?

Meine tropfenden Wasserhähne

Hin und wieder fallen uns im Alltag Kleinigkeiten auf, die wir gerne ändern würden, die aber nicht dringlich genug sind, um sie sofort anzugehen – zum Beispiel, einen Online-Newsletter abzubestellen oder den überteuerten Stromtarif zu wechseln. Diese Kleinigkeiten häufen sich an und werden zu tropfenden Wasserhähnen. Notiere dir einen tropfenden Hahn, sobald er dir auffällt, und repariere ihn, wenn sich die Gelegenheit ergibt. Sieh es nicht als lästige Pflicht an, sondern als freundliche Geste dir selbst gegenüber.

- ○
- ○
- ○
- ○
- ○
- ○
- ○
- ○

„Was getan werden sollte, kann nicht früh genug getan werden." Jane Austen

Mein Sparschwein

Datum

Gesellschaft kann ich mir kaufen,
Freunde nicht.

Zeit für mich

„Lebe das Leben wie ein Spiel."

Platon

Mein Monat

„Haushalt ist kein Spaß."

Louisa May Alcott

Mo	Di	Mi	Do	Fr	Sa	So

Dranbleiben!

Datum	Art	Status	Aufgabe
		○	
		○	
		○	
		○	
		○	
		○	
		○	
		○	
		○	
		○	
		○	
		○	
		○	
		○	
		○	
		○	
		○	
		○	
		○	

„Wer glücklich ist, wird auch andere glücklich machen."

Anne Frank

Nützliche Nummern

Liste hier wichtige Telefonnummern auf (Friseur, Klempner ...), auch wenn sie schon in deinem Handy gespeichert sind. So hast du sie immer zur Hand.

Supermarkt

Du musst nicht immer wieder neue Einkaufslisten erstellen. Hier kannst du alles aufschreiben, was du regelmäßig oder gelegentlich brauchst. Vor dem nächsten Einkauf markierst du das Benötigte einfach mit Bleistift.

„Nein“

Um gut organisiert zu sein, ist es wichtig, „Nein“ zu sagen. Liste Bekanntschaften, Termine und Anschaffungen auf, die dir weder nutzen noch Freude machen. Notiere auch übernommene Aufgaben, die nicht in deiner Verantwortung liegen. Bewerte dabei weder dich noch andere. So erkennst du, in welchen Bereichen du nicht im Einklang mit dir bist. Versuche ab jetzt, auch einmal höflich und ohne Schuldgefühle etwas abzulehnen. Lass dich dabei von deiner Natur leiten, der Quelle deiner Energie. Wozu kannst du „Nein“ sagen?

- ○
- ○
- ○
- ○
- ○
- ○
- ○
- ○
- ○
- ○
- ○
- ○

Passwörter

Mit der folgenden Methode kannst du deine Passwörter notieren und veraltete oder unsichere erneuern: Lass die Passwörter auf frühen Erinnerungen aufbauen und notiere sie dir anhand von Abkürzungen, die nur du entziffern kannst. Beispiel: Wenn du eine Schildkröte namens **Speedy Gonzalez** hattest und im **Ahornweg 16** gewohnt hast, wähle das Passwort **SpeedyG16**, aber notiere es nur durch kurze Assoziationen wie **e7Baum** – **e7** steht für die ersten 7 Buchstaben von **Speedys Namen** und **Baum** soll deiner Erinnerung an den Ahornweg auf die Sprünge helfen. Das System wird dir bald in Fleisch und Blut übergehen. Lege dir mindestens fünf Passwörter zu und benutze die wichtigsten (für E-Mail, Bank) niemals für andere Online-Registrierungen.

Meine Fähigkeiten

Bau deine Fähigkeiten aus und bilde dich weiter – für deine Hobbys oder den Beruf. Liste auf, was du als Nächstes lernen willst.

○

○

○

○

○

○

○

○

○

○

○

○

Für den Anfang kannst du dir ein Online-Tutorial suchen.

„Ich lerne immer noch." Michelangelo

Mein neues Ich

Drei neue Dinge, für die ich dankbar bin:

Zwei Lebensbereiche, die sich gerade bessern:

Drei neue Glaubenssätze/Überzeugungen:

Zwei aktuelle Ziele:

Eine aktuelle Herausforderung:

„Ich möchte all das werden,
dessen ich fähig bin." Katherine Mansfield

Mein Sparschwein

Datum

„Wir sollen das Leben verschwenden,
nicht aufsparen." D.H. Lawrence

Zeit für mich

„Selbstvertrauen ist der beste und sicherste Weg." Michelangelo

Mein Monat

„Die Zukunft wird durch
die Gegenwart erworben." Samuel Johnson

[illegible]	[illegible]	[illegible]	[illegible]	[illegible]	[illegible]	[illegible]

Dranbleiben!

Datum	Art	Status	Aufgabe
		○	
		○	
		○	
		○	
		○	
		○	
		○	
		○	
		○	
		○	
		○	
		○	
		○	
		○	
		○	
		○	
		○	
		○	
		○	

„Sei, was du scheinen willst.“ Sokrates

Wie läuft's?

Verfolge einen Monat lang deine Fortschritte.

	1	2	3	4	5	6	7	8	9	10	11	12	13

Konntest du deine Aufgaben erledigen und die Versprechen halten, die du dir gegeben hast?

14	15	16	17	18	19	20	21	22	23	24	25	26	27	28	29	30	31

Meine Fortschritte

Ganz egal, was wir haben oder nicht haben: Wir sind am glücklichsten, wenn wir vorankommen. Manche Ziele erreicht man spielend, andere nur schwer, aber Fortschritte bestimmen unser Selbstwertgefühl und sind immer möglich.

Liste deine Fortschritte auf, kleine wie große: eine gemeisterte Herausforderung, ein begonnenes Projekt, eine abgelegte Gewohnheit. Deine Fortschritte festzuhalten wird dich weiter voranbringen.

○

„Sei du selbst.
Alle anderen sind
schon vergeben."

Oscar Wilde

Mein Sparschwein

Datum

Liebe lässt sich nicht kaufen.

„Die Ewigkeit besteht aus dem Jetzt."

Emily Dickinson

Mein Monat

„Nutze die Zeit: Sie entgleitet dir schnell
mit stürmischen Schritten." Ovid

Mo	Di	Mi	Do	Fr	Sa	So

Dranbleiben!

Datum	Art	Status	Aufgabe
		○	
		○	
		○	
		○	
		○	
		○	
		○	
		○	
		○	
		○	
		○	
		○	
		○	
		○	
		○	
		○	
		○	
		○	
		○	

„Ich bereite mich vor, und eines Tages
wird meine Chance kommen." Abraham Lincoln

Meine Inspirationen

Sammle hier Sprüche und Gedanken, die dir wichtig sind oder dich aufmuntern:

„Worte, genau wie die Wesensart, enthüllen die Seele und verbergen sie zugleich." Alfred Lord Tennyson

Mein neues Ich

Drei neue Dinge, für die ich dankbar bin:

○

○

○

Zwei Lebensbereiche, die sich gerade bessern:

○

○

Drei neue Glaubenssätze/Überzeugungen:

○

○

○

Zwei aktuelle Ziele:

○

○

Eine aktuelle Herausforderung:

○

„Das Morgen ist immer frisch und fehlerlos."

Lucy Maud Montgomery

Mein Sparschwein

Datum

„Erwerben und ausgeben,
so vergeuden wir unsere Kräfte." William Wordsworth

Zeit für mich

„Die Energie des Geistes ist
die Essenz des Lebens." Aristoteles

Das Balance-Rad

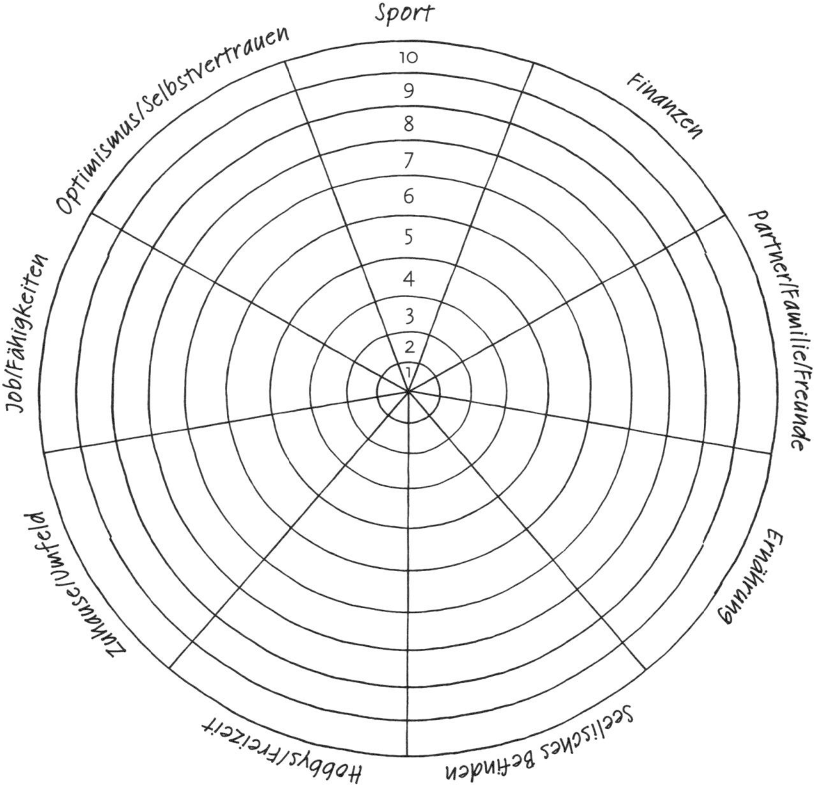

Aktualisiere dein Balance-Rad.

Übung macht den Meister

Auf den folgenden Seiten findest du 52 Wochenpläne, die du nach Belieben verwenden kannst. In stressigen Wochen nutzt du sie vielleicht als Terminkalender, in der übrigen Zeit entwickelst du dort Projekte, erstellst Wunschcollagen, führst Dankbarkeitslisten oder notierst dir selbst erdachte Glaubenssätze. Behalte in jeder Woche deine wichtigsten Ziele im Blick sowie das, was dich herausfordert und was dein Leben verbessert. Mach mit dem weiter, was für dich funktioniert. Sei unschlagbar gut organisiert und gestalte das Leben, das du leben willst.

Woche 1

Top-Ziel: ....

Mo

Datum eintragen

Di

Mi

Do

Fr

Sa

So

Monat eintragen

Eine neue Herausforderung: ....

Woche 2

Top-Ziel: ....

Mo

Di

Mi

Do

Fr

Sa

So

Eine Wohlfühl-Aktion: ....

Woche 3

Top-Ziel: ....

Mo

Di

Mi

Do

Fr

Sa

So

Ich bin dankbar für: ....

Woche 4

Top-Ziel: ....

Mo

Di

Mi

Do

Fr

Sa

So

Ein Glaubenssatz: ....

Woche 5

Top-Ziel: ....

Mo

Di

Mi

Do

Fr

Sa

So

Diesen Wasserhahn reparieren: ....

Woche 6

Top-Ziel: ....

Mo

Di

Mi

Do

Fr

Sa

So

Auf diesen Lebensbereich konzentrieren: ....

Woche 7

Top-Ziel: ....

Mo

Di

Mi

Do

Fr

Sa

So

So kann ich sparen: ....

Woche 8

Top-Ziel: ....

Mo

Di

Mi

Do

Fr

Sa

So

Diese Gewohnheit
beibehalten: ....

Woche 9

Top-Ziel: ....

Mo

Di

Mi

Do

Fr

Sa

So

Eine spontane Unternehmung: ....

Woche 10

Top-Ziel: ....

Mo

Di

Mi

Do

Fr

Sa

So

Was mir
Freude macht: ....

Woche 11

Top-Ziel: ……………………………………………

Mo

Di

Mi

Do

Fr

Sa

So

„Nein" sagen zu: ……………………………………

Woche 12

Top-Ziel: ....

Mo

Di

Mi

Do

Fr

Sa

So

Ich will: ....

Woche 13

Top-Ziel: ....

Mo

Di

Mi

Do

Fr

Sa

So

Übungsziel: ....

Woche 14

Top-Ziel: ....

MO

Di

Mi

DO

Fr

Sa

SO

So esse ich bewusster: ....

Woche 15

Top-Ziel: ....

Mo

Di

Mi

Do

Fr

Sa

So

Eine positive
Überzeugung: ....

Woche 16

Top-Ziel: ....

Mo

Di

Mi

Do

Fr

Sa

So

Diese Fähigkeit
ausbauen: ....

Woche 17

Top-Ziel: ....

Mo

Di

Mi

Do

Fr

Sa

So

Ein Reiseziel: ....

Woche 18

Top-Ziel: ....

Mo

Di

Mi

Do

Fr

Sa

So

Ein Projekt: ....

Woche 19

Top-Ziel: ....

Mo

Di

Mi

Do

Fr

Sa

So

Dieses Interesse verfolgen: ....

Top-Ziel: ....

Mo

Di

Mi

Do

Fr

Sa

So

Das delegieren: ....

Woche 21

Top-Ziel: ....

Mo

Di

Mi

Do

Fr

Sa

So

Das will ich erreichen: ....

Woche 22

Top-Ziel: ....

Mo

Di

Mi

Do

Fr

Sa

So

Ein Fortschritt: ....

Woche 23

Top-Ziel: ....

Mo

Di

Mi

Do

Fr

Sa

So

So helfe ich anderen: ....

Woche 24

Top-Ziel: ....

Mo

Di

Mi

Do

Fr

Sa

So

So gewinne ich Zeit: ....

Woche 25

Top-Ziel: ....

Mo

Di

Mi

Do

Fr

Sa

So

Das miste ich aus: ....

Top-Ziel: ....

Mo

Di

Mi

Do

Fr

Sa

So

Auf der Wunschliste abhaken: ....

Woche 27

Top-Ziel: ....

Mo

Di

Mi

Do

Fr

Sa

So

Stellungnahme zur persönlichen Mission lesen.

Woche 28

Top-Ziel: ....

Mo

Di

Mi

Do

Fr

Sa

So

Mein Balance-Rad checken.

Woche 29

Top-Ziel: ....

Mo

Di

Mi

Do

Fr

Sa

So

Eine neue
Herausforderung: ....

Woche 30

Top-Ziel: ....

MO

Di

Mi

DO

Fr

Sa

SO

Eine
Wohlfühl-Aktion: ....

Woche 31

Top-Ziel: ....

Mo

Di

Mi

Do

Fr

Sa

So

Ich bin dankbar für: ....

Woche 32

Top-Ziel: ....

Mo

Di

Mi

Do

Fr

Sa

So

Ein Glaubenssatz: ....

Woche 33

Top-Ziel: ....

Mo

Di

Mi

Do

Fr

Sa

So

Diesen Wasserhahn reparieren: ....

Woche 34

Top-Ziel: ....

Mo

Di

Mi

Do

Fr

Sa

So

Auf diesen Lebensbereich konzentrieren: ....

Woche 35

Top-Ziel: ....

Mo

Di

Mi

Do

Fr

Sa

So

So kann ich sparen: ....

Woche 36

Top-Ziel: ....

Mo

Di

Mi

Do

Fr

Sa

So

Diese Gewohnheit beibehalten: ....

Woche 37

Top-Ziel: ....

Mo

Di

Mi

Do

Fr

Sa

So

Eine spontane
Unternehmung: ....

Woche 38

Top-Ziel: ....

Mo

Di

Mi

Do

Fr

Sa

So

Was mir
Freude macht: ....

Woche 39

Top-Ziel: ....

Mo

Di

Mi

Do

Fr

Sa

So

„Nein" sagen zu: ....

Woche 40

Top-Ziel: ....

Mo

Di

Mi

Do

Fr

Sa

So

Ich will: ....

Woche 41

Top-Ziel: ....

Mo

Di

Mi

Do

Fr

Sa

So

Übungsziel: ....

Woche 42

Top-Ziel: ....

Mo

Di

Mi

Do

Fr

Sa

So

So esse ich bewusster: ....

Woche 43

Top-Ziel: ....

Mo

Di

Mi

Do

Fr

Sa

So

Eine positive Überzeugung: ....

Woche 44

Top-Ziel: ....

Mo

Di

Mi

Do

Fr

Sa

So

Diese Fähigkeit
ausbauen: ....

Woche 45

Top-Ziel: ....

Mo

Di

Mi

Do

Fr

Sa

So

Ein Reiseziel: ....

Woche 46

Top-Ziel: ....

Mo

Di

Mi

Do

Fr

Sa

So

Ein Projekt: ....

Woche 47

Top-Ziel: ....

Mo

Di

Mi

Do

Fr

Sa

So

Dieses Interesse verfolgen: ....

Woche 48

Top-Ziel: ....

Mo

Di

Mi

Do

Fr

Sa

So

Das delegieren: ....

Woche 49

Top-Ziel: ....

Mo

Di

Mi

Do

Fr

Sa

So

Das will ich erreichen: ....

Woche 50

Top-Ziel: ....

Mo

Di

Mi

Do

Fr

Sa

So

Ein Fortschritt: ....

Woche 51

Top-Ziel: ……………………………………………………………………………

Mo

Di

Mi

Do

Fr

Sa

So

So helfe ich anderen: ……………………………………………………………………………

Top-Ziel: ....

Mo

Di

Mi

Do

Fr

Sa

So

So gewinne ich
Zeit: ....

Die Adressen meiner Freunde

„Einen Freund kann man nur haben,
wenn man selbst einer ist." Ralph Waldo Emerson

„'Bleib' ist ein bezauberndes Wort
im Vokabular eines Freundes." Louisa May Alcott

„Mein bester Freund ist derjenige, der das Beste in mir zum Vorschein bringt." Henry Ford

„Euer Freund ist die Antwort auf eure Nöte."

Khalil Gibran

„Freundschaft ist ein schützender Baum."

Samuel Taylor Coleridge

„Freundschaften werden viel mehr entdeckt als geschlossen." Harriet Beecher Stowe

„Ein Freund ist ein Geschenk,
das man sich selbst macht." Robert Louis Stevenson

Jahresübersicht

Mo	Di	Mi	Do	Fr	Sa	So

Mo	Di	Mi	Do	Fr	Sa	So

Mo	Di	Mi	Do	Fr	Sa	So

Mo	Di	Mi	Do	Fr	Sa	So

Mo	Di	Mi	Do	Fr	Sa	So

Mo	Di	Mi	Do	Fr	Sa	So

Trage die Monate und Daten ein.

Mo	Di	Mi	Do	Fr	Sa	So

Mo	Di	Mi	Do	Fr	Sa	So

Mo	Di	Mi	Do	Fr	Sa	So

Mo	Di	Mi	Do	Fr	Sa	So

Mo	Di	Mi	Do	Fr	Sa	So

Mo	Di	Mi	Do	Fr	Sa	So

Kleine Habseligkeiten

Klebe an diese Stelle einen Umschlag.
Du kannst darin Kleinigkeiten aufbewahren,
die dir wichtig sind.